Karlene Harvey est illustratrice et écrivaine. Elle habite sur le territoire traditionnel non cédé des Musqueam, des Squamish et des Tsleil-Waututh. Elle est d'origine tŝilhqot'in du côté de sa mère et syilx du côté de son père. Elle est aussi de descendance européenne mixte des deux côtés de sa famille. Après ses études au Emily Carr Institute of Art and Design, elle s'est mise à faire de l'illustration en s'inspirant de la culture zine et des bandes dessinées underground, de l'animation indépendante et du collage. Depuis quelques années, elle s'investit dans la représentation et la meilleure façon d'illustrer divers peuples dans ses œuvres. Son travail a été publié dans de nombreuses revues artistiques et culturelles et dans la publication #NotyourNDNPrincess. Elle termine actuellement une maîtrise en littérature anglaise avec spécialisation en littérature autochtone à l'Université de la Colombie-Britannique.

karleneharvey.com

« Ce livre est dédié à tous ceux et celles qui sont allés au pensionnat et qui n'ont pas eu la chance d'apprendre leur culture. Je joue du tambour avec cœur pour vous ».

Traduit de l'anglais par: Marie-Christine Payette
Gestionnaire de projet : Kaitlyn Stampflee
Conception : Eden Sunflower
Éditrice : Kaitlyn Stampflee
ISBN : 978-1-989122-91-4
Imprimé en RPC.
Publié au Canada par Medicine Wheel Education.
Pour plus d'information, visitez www.medicinewheel.education

Financé par le
gouvernement
du Canada

Funded by the
Government
of Canada

Joue du tambour avec cœur

Auteur : Ren Louie
Illustratrice : Karlene Harvey

Par une belle journée d'été, Ren, âgé de six ans, attendait patiemment à la maison l'arrivée de ses cousins et cousines. Sa famille préparait le repas et plusieurs proches étaient invités.

Quand les invités sont finalement arrivés, Ren a remarqué que son cousin transportait un petit tambour. Il était rond, de couleur brun doré, avait un rebord en bois et seulement une baguette. Ren savait que ce tambour était spécial et très différent des autres tambours qu'il avait vus dans une fanfare locale.

Curieux et intrigué par ce nouveau tambour, Ren s'est tourné vers sa grand-mère et lui a demandé : « Grand-mère, est-ce que tu sais avec quoi ce tambour est fabriqué? » Elle lui a répondu : « Ce tambour est fabriqué avec de la peau de cerf. Le rebord et la baguette eux sont fabriqués avec du cèdre jaune ».

S'imaginant toutes les histoires qu'un tambour traditionnel comme celui-là pouvait raconter, Ren était tout excité d'en apprendre plus à son sujet.
« Dans notre langue, le nuu-chah-nulth, on appelle le tambour un Cuká ʔ (coute-youk) », lui a appris sa grand-mère.

Ren et ses cousins et cousines ont joué du tambour chacun leur tour. Ren, tout souriant, jouait joyeusement du tambour avec une spatule en bois, dont un des bouts était recouvert d'un bas rouge tandis que son cousin utilisait la baguette en cèdre jaune. Ils avaient tellement de plaisir à écouter tous les sons qu'ils pouvaient produire avec leurs baguettes différentes.

La grand-mère de Ren a commencé à chanter en tapant des mains pour accompagner les cousins de Ren qui jouaient joyeusement du tambour. Le cousin de Ren, qui tenait avec confiance et fierté le tambour avec la peau de cerf, a commencé à chanter lui aussi la chanson traditionnelle de sa nation. Ren aurait bien aimé chanter cette chanson traditionnelle lui aussi, mais il était trop gêné.

Pendant que sa famille se préparait à partir, Ren s'est senti triste de ne pas avoir eu assez confiance pour chanter avec sa grand-mère et son cousin comme il l'aurait aimé.

Quelques années plus tard, Ren a reçu en cadeau pour son 9e anniversaire un tambour que sa mère avait fabriqué. Même s'il ressemblait beaucoup au tambour de son cousin, ce tambour-là avait été fabriqué spécialement pour lui. C'était le premier tambour que sa mère confectionnait, ce qui le rendait encore plus spécial.

Quand elle lui a donné le tambour, la mère de Ren lui a dit : « Mon fils, je veux que tu aies ton propre tambour. Celui-ci va t'aider pendant que tu apprends à chanter. Tu pourras alors toi aussi te sentir assez en confiance pour partager avec les autres le cadeau de ta voix ».

Le tambour était magnifique. Il y avait un dessin de saumon bleu et rouge. Ren était rempli d'une grande fierté quand il en a joué pour la première fois.
Boum! Boum! Boum!

Après avoir couvert ses oreilles, la mère de Ren lui a rappelé qu'il devait prendre soin de son nouveau tambour en frappant douce-ment et légèrement dessus.

« Ce tambour représente les battements de ton cœur : boum, boum, boum. Tu dois prendre soin de ce tambour et le respecter », lui a-t-elle dit. « Tu ne dois jamais le déposer face cachée. Pour le réchauffer, tu dois le tenir près du feu. S'il n'y a pas de feu, tu dois le réchauffer en tenant la face du tambour contre ta poitrine ». Ren a écouté attentivement sa mère pendant qu'elle lui donnait ses enseignements.

Ren était tellement heureux d'avoir son propre tambour qu'il a donné à sa mère le plus gros câlin qu'on puisse donner quand on a neuf ans.

Excité par la promesse de ce que son nouveau tambour pourrait lui enseigner, Ren s'est joint à un groupe de joueurs de tambour dans sa communauté. Chaque semaine, Ren apprenait à jouer du tambour avec son beau tambour sur lequel était peint un saumon bleu et rouge dans une main et sa baguette de cèdre jaune dans l'autre main.

Au début, quand les autres membres du groupe chantaient avec enthousiasme pendant qu'ils jouaient du tambour, Ren se sentait encore trop gêné pour joindre sa voix aux autres.

Avec le temps, le lien entre Ren et son tambour a commencé à se développer. Plus il jouait du tambour, plus il devenait confiant et fier.

Pendant que le groupe de joueurs de tambour pratiquait pour une parade qui aurait bientôt lieu, la grand-mère de Ren les observait attentivement. À la pratique, Ren a été surpris d'avoir la chance de chanter un solo. Au début, il a hésité, mais son cher tambour lui a donné confiance et Ren a commencé à chanter... très doucement.

Même s'il chantait doucement, la grand-mère de Ren était ravie de l'écouter. Cela lui a rappelé son grand-père et ses oncles, qui chantaient eux aussi les mêmes chants traditionnels. Entendre finalement Ren chanter ces chants à son tour lui a fait très plaisir.

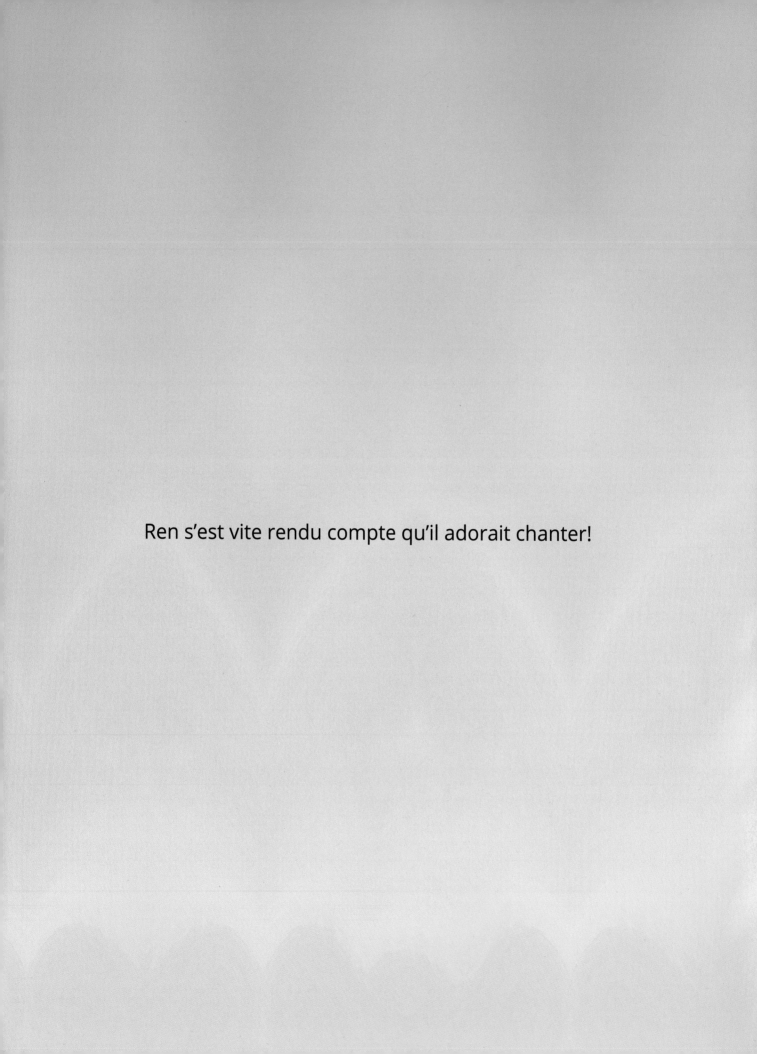

Ren s'est vite rendu compte qu'il adorait chanter!

Le jour de la grande parade, Ren était rempli de fierté avec sa mère d'un côté et sa grand-mère de l'autre. La tête haute et les bras bien tendus devant lui, il a fièrement chanté pendant qu'il marchait en suivant le rythme de son précieux tambour. Accompagné de son tambour, Ren était fier de sa famille, de sa communauté et de sa culture.

Maintenant rempli de confiance après la parade, Ren était tout excité quand il est retourné à l'école. Son enseignant, qui était aussi dans le groupe des joueurs de tambour, organisait chaque semaine des assemblées en classe et Ren avait hâte de chanter.

Encouragés par Ren, ses amis et ses camarades de classe ont aussi participé. Un après l'autre, ils ont tous chanté. Ren savait à quel point on pouvait avoir peur à l'idée de partager sa voix avec les autres, cela le rendait donc très heureux de voir ses amis jouer du tambour et chanter!

Au fur et à mesure que Ren a grandi, son précieux cadeau a grandi avec lui. Le tambour brun doré que la mère de Ren lui a fabriqué est toujours aussi magnifique avec le saumon rouge et bleu aux couleurs vives. Il lui rappelle l'amour de sa mère et de sa grand-mère. Il lui rappelle aussi de toujours être fier de qui il est et d'où il vient.

Reconnaissant des enseignements qu'il a reçus quand il était enfant, Ren les partage maintenant avec d'autres enfants. En ayant toujours son tambour préféré avec lui, Ren conserve sa culture en montrant aux enfants comment être courageux et comment pratiquer leur propre culture comme il le fait lui-même.

www.medicinewheel.education

Cours en ligne disponibles :

www.classroom.medicinewheel.education

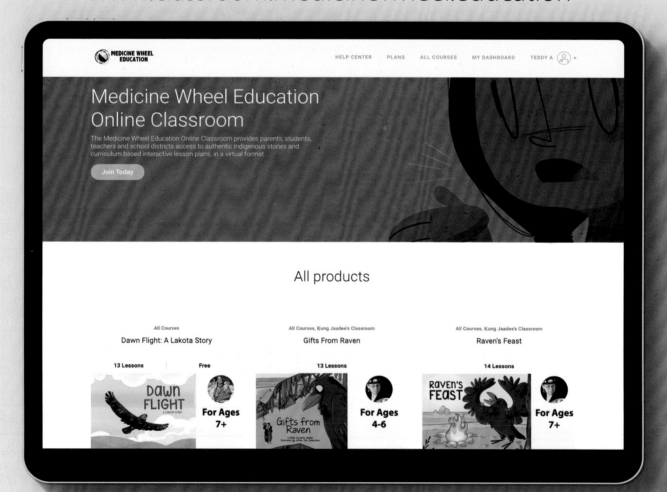